NOS PASSOS DE SÃO LUÍS E SANTA ZÉLIA

Coleção **Nos passos dos santos**
Obras de Luiz Alexandre Solano Rossi

- *Nos passos de Santo Antônio*
- *Nos passos de Santa Rita de Cássia*
- *Nos passos de Santa Teresinha do Menino Jesus*
- *Nos passos de São José*
- *Nos passos de São Vicente de Paulo*
- *Nos passos de Santa Teresa de Calcutá*
- *Nos passos de São Luís e Santa Zélia*
- *Nos passos de São Francisco de Assis*
- *Nos passos de Santa Dulce dos Pobres: o anjo bom da Bahia*

LUIZ ALEXANDRE SOLANO ROSSI

NOS PASSOS DE SÃO LUÍS E SANTA ZÉLIA

OS PAIS DE SANTA TERESINHA

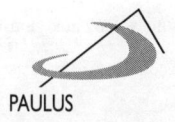

Direção editorial: *Claudiano Avelino dos Santos*
Coordenação de revisão: *Tiago José Risi Leme*
Capa: *Marcelo Campanhã*
Editoração, impressão e acabamento: PAULUS

Dados Internacionais de Catalogação na Publicação (CIP)
(Câmara Brasileira do Livro, SP, Brasil)

Rossi, Luiz Alexandre Solano
Nos passos de São Luís e Santa Zélia: os pais de Santa Teresinha / Luiz Alexandre Solano Rossi. – São Paulo: Paulus, 2017. Coleção Nos passos dos santos.

ISBN 978-85-349-4536-3

1. Fé (Cristianismo) 2. Mães - Vida religiosa 3. Pais - Vida religiosa 4. Santos cristãos - Biografia 5. Testemunhos (Cristianismo) 6. Vida cristã 7. Vida familiar - Aspectos religiosos

I. Título. II. Série.

17-02276   CDD-270.092

Índice para catálogo sistemático:
1. Santos cristãos: Vida e obra 270.092

Seja um leitor preferencial **PAULUS**.
Cadastre-se e receba informações sobre nossos lançamentos e nossas promoções: **paulus.com.br/cadastro**
Televendas: **(11) 3789-4000 / 0800 016 40 11**

1ª edição, 2017
5ª reimpressão, 2023

© PAULUS – 2017

Rua Francisco Cruz, 229 • 04117-091 • São Paulo (Brasil)
Tel.: (11) 5087-3700
paulus.com.br • editorial@paulus.com.br

ISBN 978-85-349-4536-3

APRESENTAÇÃO

Luís e Zélia são santos pelo testemunho de seriedade de sua fé vivida na família. Não eram sacerdotes, não pertenciam a nenhuma ordem religiosa e não eram teólogos. Quem eram? Eles se apresentam como um homem e uma mulher que se amam e desejam formar uma família para a glória de Deus. Um homem e uma mulher forjados no calor da hora. Leigos que se colocaram nas mãos de Deus para que fossem utilizados como instrumentos de benção a todos que os cercavam.

Bem ali, no cotidiano da vida, naquele dia a dia em que a totalidade das pessoas vivem, é que Deus chamou Zélia e Luís para serem santos. São eles exemplos de vida cristã, fonte de inspiração e amigos que nos ajudam a fazer o caminho e a viver o projeto de Deus para as nossas famílias.

Juntos, eles nos ensinam que a família também recebe, da parte de Deus, uma vocação e uma missão. Podemos dizer que eram verdadeiramente humanos e, por isso mesmo, verdadeiramente santos. Eles são os pais de Santa Teresinha do Menino Jesus, padroeira das Missões, proclamada doutora da Igreja pelo Papa São João Paulo II em 1997 e são, também, os primeiros pais de um santo a serem canonizados.

Ambos abriram suas vidas ao dom de Deus. Eles viveram neste mundo como se dele não o fossem. Mas se entregaram a Deus para que o mundo fosse modificado a partir de seu próprio lar. Viam a Deus como meta e caminhavam juntos. Descobriram que o caminho da santidade, via matrimônio, somente pode ser feito a dois.

São Luís e Santa Zélia são os mais belos representantes de como o cotidiano das nossas famílias pode ser completamente tomado pela vida abundante de Deus. Leigos, casados e santos. Quem diria? Realmente o Espírito Santo sopra onde quer. Basta, tão somente, estarmos atentos e disponíveis à vontade de Deus em nossas vidas.

Nos passos de São Luís e Santa Zélia foi pensado para ser utilizado diariamente. Nele você encontrará trinta meditações para trilhar durante um mês. Você poderá utilizá-lo como um livro devocional, isto é, para ler, meditar e rezar antes de iniciar seu dia repleto de atividades ou, ainda, para finalizá-lo na presença de Deus.

Minha oração é que o amor de São Luís e de Santa Zélia, um pelo outro, alcance cada casal, para que se amem mais e sejam mais plenos de Deus e dedicados à missão. Que sejam dias que façam diferença na vida de cada família e que, no interior de cada casa, a chama da santidade esteja nascendo.

1º dia
INSPIRAÇÃO

*"Seja para o caminho do mal, seja para o caminho do bem,
é preciso dar apenas o primeiro passo;
depois, você será levado pela correnteza."*

Mensagem

O testemunho dos filhos a respeito de seus pais é a mais bela expressão do que eles construíram e de como amaram cada um de seus filhos e filhas. Certa vez, Teresa assim se referiu a seu pai e sua mãe: "O bom Deus deu-me um pai e uma mãe mais dignos do céu do que da terra".

A vida de Luís e de Zélia foi desenvolvida na busca incessante de Deus, na oração e no profundo desejo enraizado no coração de realizar a vontade de Deus.

À primeira vista parece que ambos formavam um casal que tinha tudo para não dar certo. Para os padrões da época, já não eram considerados jovens: ela estava com 27 anos e ele com 35. Além disso, casaram-se poucos meses depois de se conhecerem.

Cada um trabalhava em sua respectiva função. Ele era proprietário de uma relojoaria e ela havia iniciado sozinha (diríamos hoje que Zélia seria conhecida como uma empreendedora) uma oficina de produção da famosa renda de Alençon. O trabalho de ambos permitia certo conforto, o que evitava muitas das apreensões do cotidiano; todavia, os dias eram vividos sem qualquer tipo de ostentação.

Ao olhar para Luís e Zélia, é muito fácil enxergar tantas famílias que vivem experiências similares, ou seja, que se deparam com dificuldades econômicas, ritmo frenético de trabalho, cuidado com a educação dos filhos, sofrimentos que batem à porta sem avisar. Eles passaram como casal pelos mais diversos vendavais proporcionados pela vida e, mesmo assim, o lar deles permaneceu em pé. Qual o motivo? Dou a vocês uma única razão. Eles construíram a casa deles sobre o mais firme fundamento que possa existir: Jesus.

> Aquele, pois, que ouve estas minhas palavras e as põe em prática é semelhante a um homem prudente, que edificou sua casa sobre a rocha. Caiu a chuva, vieram as enchentes, sopraram os ventos e investiram contra aquela casa; ela, porém, não caiu, porque estava edificada na rocha. Mas aquele que ouve as minhas palavras e não as põe em prática é semelhante a um homem insensato, que construiu sua casa na areia. Caiu a chuva, vieram as enchentes, sopraram os ventos e investiram contra aquela casa; ela caiu e grande foi a sua ruína (Mt 7,24-27).

É, certamente, possível dizer que o impacto de Luís e Zélia sobre suas filhas foi tremendo. Afinal, todas elas, em especial Teresinha e Celina, sempre lembraram os seus pais de maneira clara, viva e impactante por toda a vida. As filhas aprenderam com seus pais que o sofrimento não poderia torná-las insensíveis à dor alheia; ao contrário, deveria inflamar a compaixão delas. O ensinamento dos pais era essencial: não podemos ser um *iceberg* diante das dores que doem no coração do outro.

Oração

"Querido Deus, amo meus pais, por isso suplico
que a sua benção esteja sobre eles;
que eu seja seu instrumento de benção para eles."

2º dia
INSPIRAÇÃO

*"O melhor é colocar todas as coisas nas mãos de Deus
e esperar os acontecimentos na calma
e abandono à sua vontade."*

Mensagem

Santos também se cansam, preocupam-se com seus filhos, também trabalham, ou seja, santos são humanos, verdadeiramente humanos. Pode-se afirmar, definitivamente, que santos são homens e mulheres verdadeiros. A santidade, por assim dizer, nasce no cotidiano e se estende para a eternidade. Por isso, os santos, antes de olharem para cima, dirigem seus olhares para as relações que mantêm no dia a dia.

E não podemos nos esquecer de que a vida deixa marcas em nossa história pessoal. Zélia, por exemplo, trazia dolorosas marcas de sua infância. Na verdade, havia vivido experiências amargas que frequentemente retornavam para assombrá-la. Imagens fortes se apresentavam a ela mesmo quando adulta, como aquela de não ter a companhia de uma única boneca para brincar quando era criança. Um dia ela se expressou a seu irmão mais novo – Isidoro – abrindo seu coração: "Nunca na minha vida tive um prazer, o que se diz prazer nunca tive. A minha infância e juventude foram tristes como uma mortalha, porque, se a minha mãe te mimava a ti, para mim, tu o sabes, era demasiado severa; embora sendo boa, não sabia tratar comigo, por isso meu coração sofreu muito".

Zélia Guérin nasceu em 23 de dezembro de 1831, em Gandelain, na Normandia, e teve dois irmãos, a saber, Maria Luísa (era dois anos mais velha e entrou para o convento da Visitação de Mans com 29 anos) e Isidoro, dez anos mais novo.

Desde cedo Zélia se sentia inclinada à vida religiosa e Deus era para ela uma realidade viva. Não queria, por isso, outra coisa senão se dedicar plenamente a Ele. A única forma, ela pensava, de ser completa era a de se abrir plenamente ao amor de Deus. E, nessa busca, chegou até mesmo a pedir admissão entre as Irmãs da Caridade de São Vicente de Paulo, mas a superiora julgou que, naquele momento, ela não tinha vocação para o claustro.

Se, num primeiro momento, um sentimento de forte decepção se apresentava querendo se apoderar de seu coração, jamais ela poderia imaginar que Deus traçava outros planos para ela e para seu futuro marido que, igualmente desapontado, também havia sido recusado por um mosteiro.

Tão forte e intenso era o desejo que Zélia tinha por Deus que se tornava impossível olhar para ela e não perceber que ela, definitivamente, andava com Deus. Teresinha assim se expressava a respeito de sua mãe: "De mamãe, eu amava o sorriso, seu olhar profundo parecia dizer: 'a eternidade me encanta e me atrai, eu quero ir para o céu azul de Deus'".

Oração

"Desejo ver, Senhor, a sua glória. Permita-me,
nos dias em que vivo, encontrar o Senhor
nos olhos dos meus irmãos."

3º dia
INSPIRAÇÃO

*"A verdadeira felicidade não é deste mundo,
é perda de tempo procurá-la por aqui."*

Mensagem

Teresinha, quando se refere a seu pai, utiliza várias vezes palavras como "santo", "servo de Deus", "justo", todavia é necessário um esclarecimento. Quando falamos em fé, não nos referimos a uma série de normas a se respeitar. Fé, na casa dos Martin, era uma fé vivida, experimentada, saboreada, desejada, e que levava a caminhar com os próprios pés: "Ora, a fé é o firme fundamento das coisas que se esperam, e a prova das coisas que se não veem" (Hb 11,1). Há um percurso de santidade que transmite fé!

Luís era íntimo de Deus. Nele se percebia Deus agindo e transformando. No entanto, conhecemos essa faceta de Luís através do testemunho de Teresinha que assim se expressava a respeito do pai: "Às vezes os seus olhos faziam-se lúcidos de comoção, e ele esforçava-se para conter as lágrimas; parecia não estar mais ligado à terra, já que a sua alma tanto se imergia nas verdades eternas", e uma outra vez acrescentou: "Bastava-me olhá-lo para saber como rezam os santos". De fato, muitas vezes, os santos não precisam dizer uma única palavra, pois, sua vida é um livro escrito com palavras divinas. Dele se dizia: "Era admirável na caridade, não julgava nunca os outros e achava sempre desculpa para os defeitos do próximo".

Mesmo quando esteve profundamente enfermo, tomado de dores e se sentindo humilhado, suas palavras se apresentavam tomadas de espiritualidade, e dizia: "Tudo para a maior glória de Deus".

Se fosse traçar um perfil de Luís, diria que ele se apresentava como um homem de alma contemplativa, calmo, piedoso, pacificador, generoso, de fé robusta, disciplinado e de princípios sólidos, que o impediam de se desviar do projeto de Deus. Mas erraríamos se pensássemos que Luís se resumia a uma vida interiorizada. Também apreciava pescar, viajar e gostava demais de jogar bilhar. Tornou-se com o tempo um autodidata e lia muito. Por causa do pai, que era militar e, por conta disso, precisava residir em países diferentes, tornou-se bilíngue, conhecendo o alemão além do francês.

Luís nasceu na cidade de Bordeaux, França, em 22 de agosto de 1823, e era o terceiro de cinco filhos de Maria Ana Fanny Boureau e Pedro Francisco Martin.

Em 1842, Luís começou a aprender o ofício de relojoeiro, tendo estado durante três anos em Paris a fim de se aprimorar profissionalmente. No entanto, havia nele o desejo de servir a Deus. E, ao redor dos vinte anos, tentou entrar no Grande Mosteiro de São Bernardo, mas, para sua decepção, não foi admitido, porque não sabia latim.

Oração

"Que a minha dedicação ao teu serviço, Senhor,
seja como um caminhar em direção ao horizonte;
contínuo e mesmo que não o alcance,
que eu continue caminhando."

4º dia
INSPIRAÇÃO

"O céu não é uma realidade estranha ou futura, mas a própria vida de Deus, que já permanece em nós."

Mensagem

Vocação e amizade são como irmãos gêmeos na vida de Luís e Zélia. Eles percebiam que o encontro na ponte de São Leonardo de Alençon significava muito mais do que uma simples coincidência. Aqueles dois, que se sentiam vocacionados para viver a vida cristã de forma consagrada a Deus, uniram suas vocações particulares como um casal. A partir daquele momento, não mais trilhariam o caminho dos vocacionados sozinhos, podendo caminhar juntos e olhando juntos para Jesus. Naquela ponte em que já haviam passado tantas e tantas vezes, Zélia ouviu com toda clareza uma voz interior que lhe dizia: "Este é o homem que preparei para você".

Era abril de 1858 quando eles se conheceram, mas não sem uma mãozinha amiga. A futura sogra, que frequentava o ateliê de Zélia, já havia falado ao filho a respeito de uma talentosa jovem.

O namoro foi curtíssimo. Casaram-se poucos meses depois, em uma cerimônia realizada no dia 13 de julho de 1858, na igreja de Notre Dame, em Alençon. Talvez pudéssemos dizer que tudo foi apressado demais e que a probabilidade desse casal permanecer junto seria baixa. Mas nos esquecemos de que, além dos dois, Deus se fazia presente desde o primeiro momento como firme fundamento do matrimônio deles.

No dia do casamento, eles receberam como presente a imagem de Nossa Senhora das Vitórias que, mais tarde, ficou conhecida, por causa do milagre do sorriso a Santa Teresinha, como Nossa Senhora do Sorriso. E Luís, gentilmente, presenteou sua bela esposa com uma medalha que representava um casal bíblico, Tobias e Sara. E na noite do casamento, ele orou com as mesmas palavras do texto bíblico: "Senhor, não é por prazer que tomo esta irmã, mas com reta intenção. Digna-te ter piedade de mim e dela e conduzir-nos juntos a uma idade avançada" (Tb 8,7).

Zélia, por sua vez, mais tarde, assim se expressaria a respeito de seu casamento para uma das filhas: "Seu pai me entendia e me consolava o melhor que podia, pois tinha gostos semelhantes aos meus; creio inclusive que nossa afeição recíproca aumentou por conta disso, nossos sentimentos estavam sempre em uníssono".

Havia entre eles um caminho muito bem construído de diálogo. Somente aqueles que conversam entre si são capazes de se conhecer. Quanto menos conversamos, menos conhecemos a pessoa que caminha e que vive ao nosso lado. É exatamente por isso que muitos casais vivem debaixo do mesmo teto como se fossem estranhos. Falar ao coração do outro é se deixar conhecer melhor pelo outro; é se abrir em direção ao outro. Trata-se, finalmente, de construir uma mesma vida juntos.

Oração

"Meu Pai, não me basta ser esposo (a).
Trago em meu coração o desejo de ser mais;
desejo ser amigo (a) de quem amo."

5º dia
INSPIRAÇÃO

"Aquele que espera em Deus jamais será confundido."

Mensagem

Há um nível excepcional de maturidade em Luís e Zélia; no entanto, é preciso deixar de lado a presunção de que eles nasceram prontos e acabados. Maturidade exige tempo! Às vezes queremos antecipar o tempo e, como dom Quixote, desejamos vencer grandes moinhos a qualquer custo. Mas não é possível vencer o tempo. Mais fácil é aprendermos com ele sobre a arte de viver e crescer a cada dia, continuamente. Ao olhar para a maneira pela qual Luís e Zélia vivenciavam o casamento, logo vem a impressão de algo ingênuo e belo ao mesmo tempo.

Depois de casados, eles permaneceram por um tempo vivendo como se fossem irmãos. Por um momento, a lógica do casamento recebe neles e para eles a marca do ilógico, ou seja, estão casados e separados ao mesmo tempo. Respeitam o corpo do outro e renunciam aos desejos por vontade plena de se consagrarem a Deus. Todavia, a renúncia ao corpo não era unilateral. Juntos decidiram não consumar o casamento e chegaria o dia em que também juntos saberiam desfrutar da plenitude do encontro daqueles que se amam.

Zélia sabia muito bem o que desejava, mesmo sabendo de suas limitações. Pois bem, certamente ela descobriu o segredo que muitas vezes nos impede de caminhar. Qual? A consciência de seus próprios limites e o desejo de superá-los. Por isso, sua aspiração à santidade não se restringia somente a si mesma. Sua percepção de vida cristã era ampla e, por isso, conseguia olhar para além de seu próprio mundo. Sua aspiração pela santidade alcançava seus queridos e por eles rezava.

E sobre si mesma dizia: "Quero fazer-me santa: não será fácil, há muito o que desbastar e o tronco é duro como uma pedra. Teria sido melhor iniciar antes, enquanto era menos difícil, mas, enfim, é melhor tarde do que nunca". Zélia era sabedora de seus limites. Não se pensava como perfeita e não permitia que o vírus da arrogância assumisse o controle de seu coração. Contrariamente, injetava doses generosas de humildade no coração. Sua vida estava nas mãos de Deus e esperava d'Ele a ação que produzisse nela os bons frutos desejados. Ninguém é tão difícil que Deus não possa transformar segundo seu querer e seu agir. Sempre é Deus que faz a sua obra em nós!

A busca pela santidade se fazia e se apresentava de forma comunitária. Não há nada melhor do que crescer comunitariamente. Nesse sentido, cada um é responsável pelo outro e caminham, juntos, para o objetivo que é de todos. Não se pensa em quem chegará primeiro, quem será o vencedor, quem será o melhor entre eles. Importa que todos cheguem ao mesmo tempo e juntos. Mesmo que para isso caminhem mais devagar por causa daqueles que não conseguem correr. O que realmente vale é a celebração comunitária de todos os membros da família quando se abraçam porque TODOS chegaram à imitação plena de Jesus.

Oração

"Quantas e quantas vezes, Senhor, a imaturidade
se fez presente e me dominou. Que a partir de hoje,
olhando para Ti, a maturidade seja companheira
da primeira hora."

6º dia
INSPIRAÇÃO

*"A brutalidade jamais converteu ninguém;
ela apenas escraviza."*

Mensagem

Certa vez, João Paulo II afirmou que a família "é o lugar onde a vida, dom de Deus, pode ser convenientemente acolhida e protegida contra os múltiplos ataques a que está exposta, e pode desenvolver-se segundo as exigências de um crescimento humano autêntico. Contra a denominada cultura da morte, a família constitui a sede da cultura da vida".

É justamente no interior do lar que, por exemplo, Teresinha ainda menina, encontrou em sua mãe uma educadora espiritual de primeira grandeza. Não resta dúvida de que a catequese tem seu início na família. Ali, bem no interior da igreja doméstica, é que os corações dos filhos são elevados para Deus desde o seu despertar. Zélia e Luís catequizavam porque tinham o que ensinar. Não era apenas uma questão de preencher as mentes de seus filhos com a letra fria de muitos textos. Era, sem dúvida, uma educação espiritual para a vida e que ajudava a construir o caráter de suas queridas filhas.

Jamais Zélia deixou de orar por suas filhas. Antes de morrer, Zélia ensinou Teresinha a orar assim todos os dias: "Eu vos ofereço meu coração, meu Deus. Dignai--vos tomá-lo, para que nenhuma criatura o possa possuir senão vós, meu bom Jesus". Ela era um modelo vivo para as filhas. Afinal, do que adianta ensinar os filhos a orar e não separar um tempo para orar com eles?

Todos os filhos e filhas do casal receberam o nome de Maria, como sinal de agradecimento à virgem Maria, que era amada e venerada pelo casal. E foram muitos filhos, um total de nove, mas quatro deles morreram pequeninos:

Maria Luiza (1860-1940) – Irmã Maria do Sagrado Coração no Carmelo;

Maria Paulina (1861-1951) – Irmã Inês de Jesus no Carmelo de Lisieux;

Maria Leônia (1864-1941) – Irmã Francisca Teresa na Visitação;

Maria Celina (1869-1959) – Irmã Genoveva da Sagrada Face no Carmelo;

Maria Francisca Teresa (1873-1897) – Santa Teresinha;

Maria Helena (1864-1870);

José Maria (1866-1867);

João Batista Maria (1867-1868);

Maria Melânia Teresa (1870, falecida com apenas três meses).

Muitos filhos e filhas proporcionavam, também, fatalidades que provocavam dor. A morte de um filho causa dores insuportáveis no pai e na mãe. Como suportar dores que parecem eternizar no corpo e na memória? O que fazer para que as lágrimas deixem de correr pela face? Zélia, a cada doença grave de suas crianças, revivia a dor da possível perda, mas, também, em busca de refrigério para tanta dor, ela se voltava para Maria e, mesmo marcada por dores que pareciam dilacerar o coração, conseguia dizer com extrema doçura: "Ela está junto a mim"!

Oração

"Coloco, meu Deus, meus filhos em sua presença. Que eles sejam abençoados, mas apreendam também a abençoar todos os que os cercam."

7º dia
INSPIRAÇÃO

"Amar é dar tudo, e dar-se por inteiro."

Mensagem

Santos também se preocupam. Afinal, antes de serem santos, eram cem por cento humanos. Talvez em nossos pensamentos idealizemos muito a vida dos santos e neguemos o que nós mesmos somos. E, com isso, percebemo-nos com defeitos e, dessa forma, nossa estima se enfraquece. Deixamos de crescer não porque não tenhamos condições, mas, sim, porque achamos que não podemos. Santa Zélia vivia uma vida corridíssima. E em meio ao burburinho que é próprio da vida, ela dizia: "Algumas pessoas estão ocupadas apenas em se preocupar. Podemos nos preocupar e continuar a confiar em Deus". Afinal, não há como viver sem as muitas e múltiplas preocupações que são próprias do cotidiano, ou seja, às vezes com a casa, outras com os filhos, o trabalho ou a falta dele, e até mesmo às vezes com alguma doença etc.

Luís e Zélia são o mais claro exemplo de que os santos se fazem no calor da hora. Não somos santos, portanto, quando negamos os problemas e os conflitos. Mas, sim, quando enfrentamos cada um deles e damos a eles as respostas que são próprias aos filhos e filhas de Deus. Nunca somos santos quando negamos nossa própria humanidade. Sempre somos santos quando reconhecemos e permitimos que Deus trabalhe em nossa humanidade. Às vezes idealizamos demasiadamente o perfil do discípulo de Jesus. Colocamos alvos inatingíveis e, muitas vezes, ao olharmos para a vida de alguns discípulos ou mesmo santos, logo pensamos que eles nasceram daquele jeito. Mas ninguém nasce perfeito; somos seres inacabados e, o que importa, é que continuemos sempre a caminhar. A santidade, por isso, sempre há de se manifestar diante dos múltiplos conflitos que vivemos durante a vida, bem como as maneiras pelas quais respondemos a eles.

Zélia não se acomodava e sabia que precisava trabalhar para sobreviver. Santos não se fazem de braços cruzados. A santidade não vem de cima, mas dos caminhos que fazemos. Aproximava-se o final de 1853 quando Zélia se instalou na rua Blaise Pascal, 36, como fabricante de ponto Alençon. Seu esforço e dedicação foram dignamente recompensados. Numa exposição ocorrida em 1858, em Alençon, ela foi premiada com a medalha de prata.

É digno de se anotar o tipo de relação que ela mantinha com cada uma de suas funcionárias. Para Zélia, era necessário amá-las como membros de sua própria família. Sem dúvida que ela percebia o projeto de Deus como se fosse o de uma grande família e, mais do que isso, de que o testemunho de vida é o mais eficaz sinal de que Deus caminha junto a nós.

Oração

"São tantos os problemas que me preocupam, ó Senhor.
Mas, também, posso me tranquilizar,
porque seu amor é maior do que tudo
quanto possa pesar em meu coração."

8º dia
INSPIRAÇÃO

*"Meu coração está dilacerado de dor e,
ao mesmo tempo, cheio de celeste consolação."*

Mensagem

Não era raro encontrar luzes acesas na casa de Zélia até tarde da noite, pois sua rotina era marcada pelo trabalho. Geralmente acordava às cinco e somente se recolhia às dez da noite. Ao olhar para Zélia, vemos o retrato cristalino de uma grande maioria de mulheres que hoje, mais do que nunca, precisam fazer jornada dupla de trabalho, ou seja, assumem o cuidado da casa, bem como trabalham exaustivamente durante o dia, a fim de sustentar suas famílias.

Dedicada, não via o trabalho como algo que a incomodasse e afligisse. A relação dela com o trabalho era de alegria, ou seja, quanto mais trabalho tinha, melhor se sentia. Ela bem sabia que o projeto de Deus acontece na realidade humana. Não há como desvincular Deus da história que vivemos. Na verdade, Zélia vivia inserindo Deus em seu cotidiano, seja ele qual fosse: casamento, filhas, trabalho etc.

Zélia possuía um grande senso de justiça social. Em certa época, ela empregava em sua fábrica de rendas caseiras oito rendeiras. E a relação dela com suas colaboradoras era marcada pela ética nos negócios. Jamais atrasava o pagamento delas nem por um dia sequer. Costumeiramente dizia para suas filhas: "Não atrase o pagamento de quem trabalha para você. Pague sem demora, e se você estiver sendo justa, Deus a recompensará" (Tb

4,14); um texto que em tudo faz lembrar Deuteronômio 24,14-15: "Não oprimirás o diarista pobre e necessitado de teus irmãos, ou de teus estrangeiros, que está na tua terra e nas tuas portas. No seu dia lhe pagarás a sua diária, e o sol não se porá sobre isso; porquanto pobre é, e sua vida depende disso; para que não clame contra ti ao Senhor, e haja em ti pecado".

Vivemos um tempo de cristãos esquizofrênicos, ou seja, na Igreja agem como cristãos e, logo após sair, falam e agem como se negassem tudo quanto viveram na celebração. Não há traços de esquizofrenia em Luís e Zélia. Eles são o que são, isto é, são de Deus e reproduzem Deus em todos os ambientes por onde caminham. Se estão em casa, o brilho de Deus ali resplandece; se estão no trabalho, o brilho de Deus também ali resplandece; se estão num piquenique com suas filhas, mais ainda o brilho de Deus resplandece.

O melhor remédio para a esquizofrenia espiritual é uma alta dosagem de autenticidade. Somos chamados e vocacionados como cristãos a vivermos um Evangelho autêntico e que tenha credibilidade. Afinal, como as pessoas acreditarão em nosso Cristo se vivermos a vida cristã falsamente? Não é possível viver um meio cristianismo; é inadmissível um meio discípulo; é completamente inadequada a busca pela santidade fatiada em pedaços. Cristo se doou completamente a nós, jamais deveríamos nos esquecer disso!

Oração

"Abençoa, Senhor, o trabalho de nossas mãos."

9º dia
INSPIRAÇÃO

"Apesar de tudo, meu querido amigo, não murmuremos. O bom Deus é o Mestre. Ele pode nos deixar sofrer tudo isso e ainda mais, para o nosso bem, mas seu socorro e sua graça jamais haverão de nos faltar."

Mensagem

Uma das mais urgentes necessidades de uma família é a de criar um ambiente saudável para se viver. Ninguém jamais gostaria de viver continuamente num ambiente tóxico. Ambientes tomados por toxinas envenenam a alma, e pessoas tóxicas contaminam os lugares por onde passam. Pessoas doentes estabelecem relações doentias com os outros e, consequentemente, contaminam o ambiente. Pessoas tóxicas são como Caim que, diante da pergunta de Deus, a respeito de seu irmão, responde: "Por acaso sou eu o guardião do meu irmão?".

Luís e Zélia eram devotados às suas filhas, eles conseguiam aliar uma educação firme com doses generosas de carinho. Luís era austero e divertido ao mesmo tempo, e apreciava por demais passar seu tempo com as filhas. Era muito comum encontrá-lo fabricando brinquedos criativos e levando-as para passear.

No lar deles se respirava um autêntico espírito cristão que se espalhava feito uma suave fragrância em tudo quanto falavam e faziam. Santa Teresinha assim descrevia a benção de Deus que viviam em família: "Ah, como era agradável, depois do jogo de damas, sentar-me com Celina nos joelhos de papai (...) Com sua bela voz, entoava canções que enchiam a alma de pensamentos elevados... ou então, embalando-nos de mansinho, recitava poesias inspiradas nas verdades eternas... Depois, subíamos para fazer a oração em comum".

Neles encontramos uma família que crescia unida ao redor de Deus. Cresciam não somente em direção a Deus, mas também em direção um do outro. Estavam juntos não por obrigação e para cumprir formalidades, mas sim porque se amavam e amavam a Deus.

Criar relacionamentos saudáveis deveria ser a principal de nossas missões. Pessoas tóxicas edificam suas casas sobre a areia movediça e, quando compreendem a gravidade do problema, o prejuízo já se fez grande. Relações doentias inviabilizam o cotidiano da família. Impedem-na de crescer e de avançar. Pessoas doentes se escondem atrás de palavras e de comportamentos e, além disso, usam máscaras. Apresentam-se, portanto, como verdadeiras, enquanto são falsas. Disfarçam o que são e, com isso, edificam constantemente a contradição interna que afeta a vida da família completa e totalmente.

Relacionamentos saudáveis são verdadeiros. A marca deles é a transparência e a responsabilidade pelo outro. Assim, se Deus perguntasse para Luís e Zélia: "Onde está teu irmão?", sem hesitação eles responderiam: "Está ao meu lado e eu estou cuidando carinhosamente dele!".

Oração

"Ajude-me a criar, meu Deus, um ambiente saudável
em minha casa; que eu seja instrumento
que leve suas bênçãos a todos aqueles que amo."

10º dia
INSPIRAÇÃO

"Deus jamais nos dá mais do que podemos suportar. Entretanto, estava esgotada pelos trabalhos e preocupações de toda espécie, sem perder essa firme confiança de ser sustentada lá de cima."

Mensagem

Antes de serem apaixonados um pelo outro, Luís e Zélia eram apaixonados por Deus. Aqui se encontra o segredo do amor do casal, ou seja, a fonte de amor da qual eles nutriam o amor um pelo outro era o próprio Deus. Deus era a fonte da qual bebiam diária e continuamente e, dessa forma, o amor eterno de Deus se encarnava no amor eterno de um pelo outro.

Luís e Zélia construíram sua família na margem de um rio de água cristalina que jorrava incessantemente e, dia após dia, viam a beleza da vida florescer ao seu redor. Mas existem muitos que, erroneamente, edificam seus lares na margem do mar Morto. Ali, num ambiente em que a possibilidade de vida é negada, vive-se sempre na proximidade da morte e do desconforto. Há diferença abismal entre um e outro, e nas consequências de se viver próximo de um e de outro.

Relacionamentos não devem ser alimentados pelas águas altamente salinizadas do mar Morto, pois, dessa forma, o acúmulo de sal prejudicará o nascimento de sementes que produzam vida. Em Luís e Zélia encontramos a firme decisão de se construírem como casal e família junto a ribeiros de águas cristalinas: "Ele é como árvore plantada junto d'água corrente; dá fruto no tempo devido e suas folhas nunca murcham. Tudo o que ele faz é bem-sucedido" (Sl 1,3-4).

Sem dúvida, os acontecimentos são importantes para todas as pessoas, mas, se olharmos para Luís e Zélia não vemos que a santidade que os cercava e destilava deles vinha dos acontecimentos. Na verdade, o que mais importa é viver como eles viviam. Nada é mais importante do que o testemunho. E, ao olhar para ambos, vemos o amor de Deus, que os uniu e se manifestava extraordinariamente por intermédio deles. Uma pergunta se faz necessária: O que as pessoas veem quando olham para nós? Uma pergunta inquietante e que incomoda; uma pergunta que nos traz de volta à realidade, pois, a partir dela, passamos a nos ver como os outros nos veem e, não poucas vezes, os olhos dos outros nos veem de uma forma muito diferente da que pensamos.

A vida é, mais do que qualquer coisa, fundamentada em relacionamentos. Há laços que nos unem e que nos aproximam de tal maneira que, depois de um tempo, não sabemos quem é quem. Luís e Zélia constroem a vida a partir de um emaranhado infinito de fios de ternura e de carinho. Eles são, um para o outro, como uma rede de proteção. Se são rede, são proteção. Se são proteção, são também cúmplices de um mesmo projeto. Luís e Zélia tecem a vida um do outro com fios dourados, que penetram tão intensamente a vida que eles se tornam absolutamente um do outro.

Oração

"Sou fraco, meu Deus. Mas, na sua presença, percebo que sou forte por causa da sua força que opera em mim."

11º dia
INSPIRAÇÃO

"Não vejo as coisas pelo lado obscuro, o que é uma grande graça que Deus me dá. Seja como for, aproveitemos o tempo que nos resta e não nos atormentemos; aliás, somente a vontade do bom Deus é o que há de sempre prevalecer."

Mensagem

O Papa Francisco nos ensina que é na família que se cultivam os primeiros hábitos de amor e cuidado da vida. Para ele, seria justamente na família que encontraríamos o lugar privilegiado da formação integral e do amadurecimento pessoal. Assim,

> na família, aprende-se a pedir licença sem servilismo, a dizer "obrigado" como expressão de uma sentida avaliação das coisas que recebemos, a dominar a agressividade ou a ganância, e a pedir desculpa, quando fazemos algo de mau. Esses pequenos gestos de sincera cortesia ajudam a construir uma cultura da vida compartilhada e do respeito pelo que nos rodeia.

A família deveria ser considerada, mais do que qualquer outro lugar, o local privilegiado da busca pela santidade. Nela seria possível afirmar com todas as letras que a santidade é possível, e que está ao alcance de todos. A família, a exemplo de Luís e Zélia, se apresenta como o lugar ideal para se construir a verdadeira humanidade e se forjar o caráter de Cristo em cada membro da família.

Luís e Zélia construíram uma família que se tornou o lugar privilegiado da experiência do amor e da transmissão da fé. Uma família que se transformou numa Igreja doméstica. Paulo VI, coincidentemente, reafirmou a experiência vivida nesse pequeno caminho iniciado e trilhado pelo casal de santos:

> No conjunto daquilo que é o apostolado dos leigos, não se pode deixar de pôr em realce a ação evangelizadora da família. Nos diversos momentos da história da Igreja, ela mereceu bem a bela designação sancionada pelo Concílio Vaticano II: "Igreja doméstica". Isso quer dizer que, em cada família cristã, deveriam encontrar-se os diversos aspectos da Igreja inteira. Por outras palavras, a família, como a Igreja, tem por dever ser um espaço onde o Evangelho é transmitido e onde o Evangelho irradia. No seio de uma família que tem consciência dessa missão, todos os membros da mesma família evangelizam e são evangelizados. Os pais não só comunicam aos filhos o Evangelho, mas podem também receber deles o mesmo Evangelho profundamente vivido. E uma família assim torna-se evangelizadora de muitas outras famílias e do meio ambiente em que ela se insere.

Luís e Zélia sinalizam com indisfarçável clareza que a vida leiga pode ser uma vida santa e missionária. Afinal, Deus, em suas múltiplas e variadas possibilidades de dons e ministérios, não se limita a um ou outro tipo de ação missionária. Por causa da multiplicidade e criatividade divina, podemos ser vocacionados nos lugares onde nos encontramos e, exatamente por isso, podemos edificar em nossos lares uma "Igreja doméstica".

Oração

"Coloco, meu Deus e meu tudo, minha família em sua presença; consagro cada um dos meus queridos para que, unidos, sejamos agradáveis ao Senhor."

12º dia
INSPIRAÇÃO

"Quanto mais doente eu estiver, mais esperança terei."

Mensagem

É preciso, na maioria das vezes, deixar o coração e os lábios expressarem o amor. Romper a casca é mais do que necessário. Precisamos reconhecer que existir para o outro requer construir pontes e destruir os muros que nos separam. Todavia, uma das mais difíceis ações é a de romper com uma casca que construímos desde muito tempo. Mas começar é preciso. Quando? No tempo que se chama HOJE. Hoje é o momento mais adequado para se aproximar dos filhos, e expressar o amor e o carinho que sentimos por ele.

Possivelmente a melhor maneira de construir pontes com as pessoas que amamos é ao edificar espaços amorosos. Na família de Luís e Zélia, era comum um expressar ao outro o quanto o amava. Trata-se de sair de si, romper a casca e a timidez, e se apresentar diante do outro que conosco convive, com palavras generosas. Certa vez Zélia escreveu para Paulina: "Além disso, como você pode ver, minha afeição por você segue crescendo dia a dia; você é minha alegria e minha felicidade".

É principalmente dentro de nossas casas que construímos a autoestima e a autoimagem de nossos filhos. A manifestação verbal contribui para dar estabilidade emocional àqueles que amamos. A troca de afetos dentro do lar é capaz de subverter a animosidade e os possíveis conflitos. Um lar cheio de ternura e alegria, como o de

Zélia e de Luís, possuía o dom de construir melhores filhos e filhas.

Sem dúvida deveríamos, seguindo o exemplo do santo casal, substituir expressões como: "você é burro", "não consegue fazer nada direito", "você não serve para nada", "veja como o filho de fulano de tal é melhor do que você", entre outras expressões igualmente violentas, por expressões que inundem o coração de nossos filhos e filhas, a fim de que eles descubram seu enorme potencial e se percebam como pessoas amadas e valorizadas por seus próprios pais.

Oração

"Perdão, Senhor, porque muitas vezes
deixei de abençoar as pessoas que amava.
Perdão, Senhor, porque muitas vezes ofendi pessoas
que caminhavam ao meu lado. Cria em mim, Senhor,
um coração abençoador e lábios generosos."

13º dia
INSPIRAÇÃO

"Devo dizer que tudo se orienta para a glória de Deus."

Mensagem

Uma das mais fantásticas ações de uma família é a de transformar a casa numa escola de oração. Fruto da catequese e do exemplo de Zélia, certa vez Teresinha haveria de se pronunciar: "Amava muito a Deus e oferecia-lhe muitas vezes o meu coração servindo-me da formulazinha que a mamãe me tinha ensinado".

E numa noite, como tantas outras noites, uma experiência haveria de marcar o coração de Zélia. Ela havia feito um belo e delicioso bolo de chocolate e, partindo um pedaço generoso, havia levado para Celina. Nesse momento, Celina estava com apenas sete anos. Mas qual não foi a surpresa de sua mãe ao ver sua pequenina filha recusar um enorme pedaço de bolo de chocolate. Foi, de fato, um momento estranho. Porém, algum tempo depois, a própria Celina confessou que estava ocupadíssima "abrindo seu coração ao bom Deus". Após essa belíssima experiência, Zélia teve a mais cristalina evidência de que "o bom Deus escuta a oração das crianças".

Mas, também, a oração deve ser pensada a partir da maneira como se vive. Não basta, por exemplo, saber rezar e rezar todos os dias se, no dia a dia o comportamento se apresenta como a mais completa negação do que se rezou. É necessário sempre ir para além das palavras. Afinal, se falar pode ser fácil, viver as palavras pronunciadas é terrivelmente difícil.

Nesse sentido, Luís e Zélia criaram um ambiente de profunda confiança entre eles e suas filhas. Celina, mais tarde, haveria de assim se pronunciar: "Obedecíamos por amor". Quando o amor se apresenta como o ingrediente principal nas relações, nada é demasiadamente difícil!

Porém, o comportamento desejado e ensinado ia muito além da simples obediência. Mesmo tendo condições financeiras de dar tudo quanto fosse necessário e mais que o necessário para suas filhas, Luís e Zélia não as mimavam. E, assim, recusam-se a comprar-lhes o que poderia ser considerado supérfluo. "Não ao supérfluo" parecia ser um lema na casa do casal de santos, mesmo quando as filhas vinham com argumentos que pareciam ser muito convincentes para elas: "Mas todas as nossas colegas têm".

Mesmo que na casa de Zélia e Luís as mulheres fossem a grande maioria, a regra básica de Zélia relativamente a esse assunto era muito clara: "Vesti-las bem, mas com simplicidade". A maneira com a qual Zélia enxerga o mundo é de uma atualidade espetacular:

> Maria sonha com outra coisa (diferente daquilo que temos). Quando ela tiver essa outra coisa, o vazio possivelmente será ainda mais perceptível; quanto a mim, fico imaginando que, caso estivesse num castelo magnífico, cercado por tudo o que se poderia desejar neste mundo, o vazio seria maior do que se eu estivesse sozinha, num pequeno sótão, esquecendo-me do mundo ou sendo esquecida por ele.

Se há algo que pode nos preencher, somente pode ser Deus!

Zélia e Luís são bem atuais numa sociedade que valoriza mais o ter do que o ser; uma sociedade em que marcas de roupas separam as pessoas entre as que são e as que não são; uma sociedade que nos escraviza e que, infelizmente, humaniza as coisas e coisifica o ser humano.

Numa sociedade em que tudo é supérfluo, Luís e Zélia nos ajudam a olhar para aquilo que permanece.

Oração

"Converso contigo, meu Senhor,
como um filho conversa com seu pai.
Fala ao meu coração, meu Deus,
como um pai fala ao coração de seu filho."

14º dia
INSPIRAÇÃO

*"Precisamos nos colocar na disposição
de aceitar generosamente a vontade do bom Deus,
qualquer que seja, pois ela sempre será
o que pode haver de melhor para nós."*

Mensagem

Cada casa, uma Igreja, ou o que poderíamos denominar uma Igreja doméstica. Talvez fosse esse o desejo mais intenso no coração de Luís e de Zélia. Pode-se dizer que no lar que eles construíram se respirava Deus. Tudo era Deus e para Deus. Sim, construíram um lar. Lar se constrói dia após dia. Não é como uma caixa de lego que apenas vamos montando, seguindo aleatoriamente. Lar é, na verdade, um projeto de vida, de duas vidas que se unem e passam a olhar para a mesma direção, e com o mesmo coração. Eles não apenas se abriam ao dom de Deus, mas sabiam que a responsabilidade deles como pai e mãe era a de fazer com que suas queridas filhas também participassem desse dom. Sabiam que a vida de Deus devia ser vivida comunitariamente.

Ambos tinham um projeto ambicioso. Eles sonhavam com filhas santas. Não deixa de nos surpreender ao encontrar uma família assim. E como se não bastasse o sonho, quando olhamos para a história, nos deparamos com Santa Teresinha do Menino Jesus, São Luís e Santa Zélia e, já abertos o processo de canonização de Paulina, Maria, Celina e Leônia. Formavam uma família com propósito. E, justamente, reside aqui um dos mais importantes fundamentos da família, ou seja, viver com propósito. E o supremo propósito da vida é viver para Jesus.

Claro, não basta sonhar. Ninguém vive de sonhos. Faz-se necessário colocar mãos à obra e construir uma atmosfera espiritual no lar. Quem vive apenas olhando para os céus corre o risco de cair em um dos muitos buracos da vida. No grande cenário espiritual construído em seu lar, Luís e Zélia manifestavam a presença constante e necessária de Deus. Mas vale dizer que Deus não era para eles uma peça decorativa ou uma palavra mágica para ser utilizada em momentos de dificuldades. Era, sim, uma referência constante em todos os aspectos da vida. Deus era, dessa forma, a meta e o alvo. O crescimento de cada um e de todos era direcionado ao alvo maior da vida, ou seja, todos deveriam crescer em direção a Deus. Afinal, quando eles olhavam para o horizonte, seus olhos se encontravam com os olhos de Deus.

Agora é o testemunho de outra filha que fala bem alto aos nossos corações:

> Beleza de uma vida conjugal vivida inteiramente e unicamente para Deus, sem nenhum egoísmo nem inclinação para si. Se o servo de Deus desejava muitos filhos, era para os dar a Deus sem reserva. E tudo isso na simplicidade duma existência normal, semeada de provações, acolhidas com abandono e confiança na Divina Providência.

Oração

"Dedico, querido Deus, minha família ao Senhor como uma Igreja doméstica. Que em todos os momentos em que nos reunirmos, seu nome seja glorificado."

15º dia
INSPIRAÇÃO

"O bom Deus jamais se deixa vencer em generosidade."

Mensagem

Zélia era uma maravilhosa conselheira. Certa vez, diante das dificuldades profissionais pelas quais seu irmão – Isidoro – passava, ela escreveu uma carta a ele, indicando a maneira através da qual podemos enxergar a presença de Deus em meio às nossas atividades:

> Minha irmã me falou muito sobre os seus negócios. Ela acha que você poderia ter um representante em várias cidades. Eu já considero isso tão difícil quanto arrastar a lua com os dentes! Disse a ela para não ficar quebrando a cabeça com isso, pois só há uma coisa a se fazer: orar ao bom Deus, pois nem ela nem eu podemos ajudá-lo de outra maneira. Mas ele, a quem nada pode afligir, nos tirará da aflição quando achar que sofremos o bastante, e então, você reconhecerá que o sucesso não advém das suas capacidades nem da sua inteligência, mas somente de Deus, como eu, com minha renda de Alençon; essa convicção é bastante salutar, pude experimentá-la pessoalmente. Você sabe que todos nós somos inclinados ao orgulho, e pude observar frequentemente que aqueles que fizeram fortuna são de uma prepotência insuportável. Não estou dizendo que não poderíamos fazer fortuna, mas também poderíamos ser mais ou menos manchados por esse orgulho; depois, é certo que a prosperidade nos distancia de Deus. Ele jamais conduziu seus

eleitos por esse caminho; eles passaram primeiro pelo cadinho do sofrimento, para purificar-se.

Santos são aqueles que têm um olhar não afunilado para si mesmos; santos não são ensimesmados e não vivem como se estivessem escondidos em uma concha. Zélia sabia olhar para si mesma, mas, também e principalmente, sabe olhar para os outros e suas necessidades. Ao sair de si e caminhar em direção às outras pessoas, seus passos santificam não somente o caminho, mas também a própria pessoa com a qual se encontra.

Na arte de aconselhar os outros, percebemos que as palavras de Zélia têm conteúdo. Não são palavras vazias e ineficientes, que jamais atingem o alvo. Ela somente aconselha porque tem conteúdo. Jamais fala por falar, mas, sim, porque tem o que falar. Ela não aconselha como se fosse os amigos de Jó, que possuíam apenas palavras vazias, e não funcionavam como o bálsamo derramado sobre aqueles que necessitavam de refrigério. Eram palavras ásperas, pesadas, condenatórias e que evitavam qualquer manifestação de solidariedade e de fraternidade. Nas palavras de Zélia, por sua vez, se encontravam as palavras de Deus, que restauravam todos aqueles que com ela conversavam.

Oração

"Que em meio à indiferença que escraviza a vida,
minha família possa ser, Senhor,
um oásis de amor e de carinho."

16º dia
INSPIRAÇÃO

"É muito, Senhor, vós sois muito bom para mim."

Mensagem

São muitos aqueles que perguntam por um itinerário a seguir. Afinal de contas, vivemos numa sociedade e época que apresentam muitos possíveis caminhos e também encruzilhadas. Todavia, nem todos os caminhos são viáveis e confiáveis. É sempre necessária uma dose extra de cautela.

No entanto, se olharmos para Luís e Zélia, poderemos encontrar um modelo confiável e que aponta, inevitavelmente, para a unidade da família, bem como para Deus. Pode-se dizer que a vida do casal era vivida a partir de um itinerário com as seguintes etapas:

– Seguimento do Evangelho: somos chamados a ser discípulos de Jesus. Não é possível segui-lo de longe e mantendo uma distância segura. Muitos desejam ser cristãos e continuar a viver em uma zona de conforto. Desejam, antes de mais nada, um cristianismo *light* e sem muitas exigências. Querem Jesus e insistem nisso. Mas desde que ele venha sem a cruz. Luís e Zélia irradiavam alegria, pois sabiam que bem logo a frente deles Jesus seguia na liderança.

– Missa cotidiana: o santo casal sabia o significado da missa na construção de uma boa, agradável e perfeita identidade espiritual. Quantos não são aqueles que evitam a missa e, com isso, enfraquecem-se na fé pessoal quando se afastam da comunhão com os demais irmãos; a missa era o centro da vida de Luís e Zélia, e a primeira atividade de cada dia. Para eles, não se tratava de uma enfadonha rotina, mas de uma necessidade vital.

– Oração pessoal: na oração dialogamos com Deus e abrimos nosso coração. O discípulo que negligencia a oração pessoal e que sempre dá a desculpa de que não tem tempo para orar, distancia-se de Deus, pois seus lábios já não pronunciam mais palavra alguma quando seus ouvidos estão fechados para ouvir as palavras de Deus.

– Oração comunitária: Luís e Zélia oram separadamente e juntos como casal. Mas também oram em família. Nada mais belo há do que contemplar pai, mãe e filhos juntos, ajoelhados, diante da presença de Deus.

– Confissão frequente: por mais que queiramos e tentemos caminhar nos mesmos passos de Jesus e em tudo realizar seu projeto de vida, nem sempre temos sucesso. Luís e Zélia compreendiam perfeitamente bem a necessidade de ir ao encontro da confissão, a fim de reajustar o ritmo da vida segundo o coração de Deus.

– Participação na vida paroquial: não existe, definitivamente, discípulo de Jesus sem Igreja. Não é possível ser cristão sem o convívio fraterno entre irmãos e irmãs que comungam da mesma fé. Luís e Zélia amam seu espaço paroquial e fazem dele um lugar de crescimento e de amadurecimento espiritual. Percebem-se responsáveis por sua paróquia. Não se veem como visitantes esporádicos. Assumem, isso sim, a paróquia como se fosse uma extensão da Igreja doméstica.

Oração

"Há muitos caminhos, Senhor, que levam para longe de Ti. Quero seguir, com minha família, somente aquele caminho que nos leva diretamente ao teu coração."

17º dia
INSPIRAÇÃO

"Tudo para a maior glória de Deus."

Mensagem

Um casal sempre deveria nutrir a sensibilidade, o acolhimento e a generosidade. Todavia, nutrir um relacionamento não é uma ação que acontece uma única vez e da noite para o dia. Trata-se de uma arte e, como toda arte, se faz necessário cultivar e cuidar com carinho dia após dia.

Luís é um modelo de alguém que transformou o cotidiano em expressões de amor por sua querida esposa. Após vários anos de casados, ele se encontrava em viagem e escreve a seguinte carta para Zélia:

> Querida amiga, só poderei chegar a Alençon na segunda-feira. O tempo me parece longo, está demorando para voltar a vê-la. Não preciso dizer que sua carta causou em mim grande alegria, exceto por saber que você tem se cansado excessivamente. Assim, recomendo-lhe exatamente a calma e a moderação, sobretudo no trabalho! Tenho algumas encomendas da Companhia de Lyon; mais uma vez, não se atormente tanto, com a ajuda de Deus conseguiremos construir uma boa casinha. Tive a felicidade de receber a comunhão na igreja de Nossa Senhora das Vitórias, que é como um pequeno paraíso terreno. Também acendi uma vela na intenção de toda a família. Beijo-a de todo o coração, à espera da felicidade de juntar-me a vocês. Espero que Maria e Paulina estejam se comportando bem. Seu marido e verdadeiro amigo, que a ama por toda a vida!

No comportamento de Luís e Zélia encontramos a possível resposta para um dos maiores problemas dos casais. Não é verdade que, após alguns anos de casado, uma tendência ao tédio se instala e torna o relacionamento instável? Não é verdade que, após alguns anos, o amor esfria e tanto um quanto o outro já não vivem mais a mesma intensidade de amor que era vivida anteriormente? A resposta de Luís e Zélia para nós seria provavelmente assim: tudo o que não se cultiva diariamente se evapora! A perenidade do amor entre os casais acontece na semeadura diária de sementes de amor e de carinho que se perpetuam para todo o sempre.

Semear durante todos os anos garantirá a colheita farta de amor de um pelo outro. Mais um segredo de Luís e de Zélia. Muitos casais vivem dias áridos porque não semearam o amor de forma abundante. E, ao não semear, não perceberam os cactos cheios de espinhos que começavam a crescer. Semear amor é a palavra-chave para a colheita farta!

Na troca de afetos, a unidade é construída. Possivelmente, Luís e Zélia diriam um sonoro "não" à globalização da indiferença.

Oração

"Haverá momentos em minha família, meu Deus,
alegres e tristes. No entanto, não importa
se dias positivos ou negativos, que em todos eles
possamos dar glória a Deus."

18º dia
INSPIRAÇÃO

*"Tenho urgência de agradecer
e de lhes fazer agradecer ao bom Deus,
pois sinto que nossa família, embora muito humilde,
tem a honra de estar entre os privilegiados
de nosso adorável Criador."*

Mensagem

Uma das mais belas descobertas ao olhar para Luís e Zélia é a de que eles eram verdadeiramente humanos e, de fato, era esse o possível segredo deles: a partir da construção do humano de cada um é que eles trilhavam o caminho para a santidade. Não queriam transformar o outro à sua imagem e semelhança. Sabiam que a imagem plena e mais bem-acabada que deveriam ter, juntos, era a imagem de Deus. Não é verdade que gastamos boa parte do nosso tempo e das nossas energias tentando mudar o outro? Sempre o outro é o problemático; sempre o outro é o nosso "inferno"; sempre o outro precisa ser "tratado" e "modificado" por Deus. Esquecemo-nos, facilmente, de que a imperfeição e a limitação atingem a todos indiscriminadamente. Nesse sentido, Luís e Zélia nos ajudam a perceber que tanto um quanto o outro precisam reconhecer suas limitações e imperfeições para juntos caminhar em direção a Deus.

A expressão mais bela da humanidade dos pais passava pela maneira como suas filhas interpretavam a vida, gestos e palavras de seus queridos pais. Celina, por exemplo, se referia a seu pai com palavras carinhosas: "Seu coração era de uma ternura excepcional para conosco". E Teresinha evidencia o amor que as meninas nutriam por seu querido pai:

> Crescendo, vejo tua alma toda cheia de Deus e de amor.
> Esse exemplo bendito que me inflama: quero seguir-te também.
> Quero ser neste mundo tua alegria, teu consolo.
> Quero imitar-te, paizinho,
> A ti que és tão terno, tão doce, tão bom.

Somos definitivamente humanos quando vivemos de tal forma que até mesmo os nossos filhos querem ser nossos imitadores. Numa época em que boa parte dos filhos e filhas buscam por modelos fora das fronteiras dos seus próprios lares, Luís e Zélia se constituem como modelos bem-acabados para que suas filhas possam olhar para eles e, com os olhos brilhando, desejar ser como eles eram.

Uma das mais preciosas perguntas que podemos fazer é: Como servir a Deus? Antes de mais nada, é necessário que exista o desejo de Deus. E em Luís e Zélia o desejo de Deus se fazia presente de maneira impactante. Luís até mesmo trazia na memória uma cena exemplar e inesquecível que, provavelmente, marcaria sua trajetória espiritual em direção a Deus. Certa vez, alguns soldados perguntaram a seu pai (que era capitão) por que ele permanecia tanto tempo de joelhos durante a missa. A resposta de seu pai foi não só impressionante, mas produziu marcas indeléveis no coração do filho: "É porque eu acredito". Luís encontra em seu pai um modelo. Ele não precisa se servir de modelos artificiais e distantes gerados pela televisão. Ao olhar para dentro de sua casa, ele encontra um referencial de vida em que pode confiar!

Há doçura nas palavras de Teresinha. Palavras que indicam que precisamos olhar mais para dentro de nossas casas do que para fora. Nossas casas são como pequenos "mundos" para se exercitar de forma plena o projeto de Deus.

Oração
"Sou um privilegiado, querido Deus,
pois vejo sua benção ser derramada
sobre a minha família."

19º dia
INSPIRAÇÃO

"Tudo o que vejo é esplêndido, mas sempre é uma beleza terrestre, e nada sacia o nosso coração, enquanto não virmos a beleza infinita que é Deus."

Mensagem

Tudo é sagrado para aqueles que olham a vida sob o impacto do projeto de Deus. Assim, Zélia e Luís, a partir de uma visão profundamente cristã da vida, integram todos os aspectos do cotidiano. Não é estranho, por conta disso, que para eles tudo esteja sob o âmbito do sagrado: preocupações, esforços, a oração, a santificação do domingo, a honestidade na realização da atividade profissional, o socorro aos mais necessitados, a educação das filhas etc. Tudo era feito para a glória de Deus.

E, talvez, o que mais de sagrado existe seja a esperança. E esperar em Deus é como estar segurando um fio invisível que nos conecta com alguém que nos ultrapassa. Esperar com um sorriso nos lábios é lançar o futuro nas mãos de Deus. Lógico que lançar o futuro nas mãos de Deus não significa que nos tornamos irresponsáveis tanto pelo presente quanto pelo futuro. Apenas nos sinaliza que nas mãos de Deus nos depositamos. Esperança é algo que nos invade e altera o rumo de nossas vidas. Por causa da esperança, criamos um espaço em nossas vidas que antecipa a ação libertadora de Deus. E a esperança é justamente a antecipação da presença daquele que se encontra momentaneamente ausente. Pessoas com esperança afirmam a presença de Deus mesmo quando a tempestade parece se aproximar.

Nem sempre a vida se apresentava a Zélia e Luís com as cores do arco-íris. Muitas vezes, o céu parecia nublar e o reino das sombras se apresentava com forças descomunais. Nesses dias, mais do que em quaisquer outros, quando Zélia vivia um sério problema com uma de suas filhas, Leônia, ela recorria à esperança que somente é possível encontrar em Deus. Ela dizia: "Espero contra toda esperança. Quanto mais difícil ela se mostra, mais me convenço de que o bom Deus não permitirá que ela se mantenha assim. Rezarei tanto, que ele acabará cedendo". Esperança talvez fosse uma das mais belas palavras que brotavam dos lábios e do coração de Zélia. Afinal, era uma palavra que a recordava para olhar unicamente para Deus.

Problemas sempre existirão. Negá-los não é a melhor solução. O que de fato precisamos é a compreensão do que fazer quando eles procurarem se instalar em nossas vidas. Quando Zélia e Luís se encontravam bem no centro de alguma adversidade, eles encontravam a mais extraordinária oportunidade de fazer uma declaração de fé.

Oração

"Preencha, Senhor, com sua graça,
todos os aspectos da minha família.
Não permita que espaços fiquem vazios.
Sem a sua presença, o vazio se torna assustador.
Preencha-nos, Senhor."

20º dia
INSPIRAÇÃO

"A perfeição consiste em fazer Sua vontade, em ser aquilo que Ele quer que sejamos."

Mensagem

Vivemos um tempo denominado de "líquido". E, nesse tempo, nem mesmo o amor conseguiu escapar. O amor líquido é aquele em que os laços que nos prendem uns aos outro se tornam frágeis. Relacionamentos frágeis geram ações que levam à descartabilidade das pessoas. Já não nos pensamos juntos, mas separados. O amor líquido e rarefeito passa a ser entendido como se fosse uma prisão que impede os movimentos. No mundo líquido, tudo é motivo para a separação e, quando o "tudo" não se apresenta, sempre é possível criar novas possibilidades para o "tudo". O amor líquido não exige responsabilidade e, muito menos, que nos dediquemos e nos doemos à pessoa amada. "Nada de exigências" é o "mantra" principal do amor líquido. Doar-se para quem se ama passa a ser considerado um abuso da liberdade individual. Em um mundo líquido, o amor se apresenta como algo passageiro e fugaz.

Se hoje a tendência de muitos é a de fragmentar a vida e os relacionamentos, Zélia e Luís nos ensinam a cimentar o matrimônio numa unidade invencível e contagiante. E unidade se relaciona não somente com proximidade, mas também com o fato de assumir plena e verdadeiramente a vida do outro. Eles não se compreendem como seres separados um do outro, e se percebem como se ambos se confundissem abraçando o mundo do outro. O apóstolo Paulo os descreveria desta forma:

Assim também os maridos devem amar suas próprias mulheres, como a seus próprios corpos. Quem ama sua mulher, ama a si mesmo, pois jamais ninguém quis mal à sua própria carne; antes, alimenta-a e dela cuida, como também fez Cristo com a Igreja, porque somos membros do seu Corpo. Por isso, deixará o homem seu pai e sua mãe, e se ligará à sua mulher, e serão ambos uma só carne. É grande este mistério: refiro-me a Cristo e à sua Igreja. Em resumo, cada um de vós ame a sua mulher como a si mesmo e a mulher respeite seu marido (Ef 5,22-23).

A partir do momento em que Luís e Zélia passam a se conhecer mais e mais, a estrada de uma boa e agradável comunicação é completamente asfaltada; comunicam-se de maneira profunda e verdadeira. Não há espaço para palavras "mal ditas" que impeçam de caminhar e de construir um relacionamento baseado na verdade e na sinceridade. Num ambiente construído com porções generosas de palavras "bem ditas", Zélia reconhece: "Não era preciso ele me dizer isso; eu já sabia".

Oração

"Procuro em Deus a unidade para a minha família.
Tudo, absolutamente tudo, o que estiver fora
do propósito de Deus, ao invés de unir,
causa fragmentação e divisão."

21º dia
INSPIRAÇÃO

"Bastava olhá-lo para saber como rezam os santos."

Mensagem

Filhos são preciosos, e mais preciosos se forem dedicados a Deus. Pois é justamente dessa forma que Luís e Zélia compreendiam os filhos que tiveram. Deus havia dado cada um deles e, assim, antes de mais nada, eles pertenciam a Deus.

E se no passado relativamente recente de Luís e de Zélia havia a frustração de não poderem se consagrar a Deus da maneira como imaginavam, logo vivenciariam uma experiência inusitada: uma filha após a outra foi tomada pela força da consagração que se apresentava irresistivelmente. Aquilo que, no passado já um pouco distante, seus pais não puderam fazer, as filhas, como que puxadas por uma força irresistível, trilham pelo caminho da consagração.

Em 1882, Paulina ingressa no Carmelo, sendo a primeira a puxar a fila. Certamente os pais ficaram felizes, mas jamais poderiam prever que todas as filhas se consagrariam a Deus. Em 1886, é a vez de Maria seguir o mesmo caminho e, dois anos após, em 1888, Teresinha sente o chamado irresistível e inadiável. Em 1899, Leônia ingressa na Visitação de Caen. E, finalmente, Celina entra para o Carmelo em 1894. Claro que sempre é difícil se separar das filhas e, por mais que se saiba que elas haviam escolhido o melhor caminho, mesmo assim a tristeza da separação se apresentava com muitíssima força.

Quando Celina contou ao pai sobre o seu desejo de se consagrar a Deus, ela ouviu as seguintes palavras: "Vem, vamos juntos à presença do Santíssimo Sacramento agradecer ao Senhor a graça que concede à nossa família, e a honra que me faz de escolher para si esposas em minha casa". Nada, absolutamente nada, na família de Luís e Zélia era feito sem buscar a vontade de Deus. Tudo era colocado na presença de Deus, pois o mais importante era sempre agradá-Lo.

O Senhor, aos poucos, ia transformando bela e esplendidamente a família de Luís e de Zélia num grande altar de consagração e de adoração a Deus. Certamente que, se pudéssemos visualizar Luís e Zélia se despedindo de cada uma das filhas, encontraríamos um sorriso estampado nos lábios de cada um deles e ouviríamos o sussurrar de uma pequena oração: "Obrigado, Senhor, pelo privilégio que temos por consagrar nossas filhas em teu altar".

Oração

"Teu amor chegou ao meu coração e partiu feliz.
Depois retornou e se envolveu com o hábito do amor,
mas retirou-se novamente. Timidamente, eu lhe disse:
'Permanece dois ou três dias!' Então veio,
assentou-se junto a mim e esqueceu-se de partir"
(Rumi).

22º dia
INSPIRAÇÃO

~~~~~~~

"O bom Deus é assim misericordioso como sempre esperei e continuo a esperar."

Mensagem

Somos nós que optamos por construir uma vida cristã de acolhimento e inclusão ou exclusão dos pobres. Se seremos uma Igreja samaritana ou não somente depende de como vivenciamos a fé. E, diga-se de passagem, muitas vezes é necessário calar as palavras e deixar as mãos agirem.

A casa da família Martin estava aberta e quem batesse à porta era imediatamente acolhido. Mas é preciso lembrar que as portas físicas estarão abertas se, anteriormente, as portas do coração estiverem igualmente abertas. E, nesse sentido, os corações de Luís e de Zélia eram calorosos e haviam desenvolvido o dom de se doarem não somente um ao outro, mas também a todos os outros.

Vivendo numa época em que o espírito burguês se apresentava como dominante e, por isso mesmo, o dinheiro se transformava na religião de muitos, Luís e Zélia não sucumbiram diante do poderoso deus Mamon. Eles viveram contraculturalmente e não aceitavam nem a adoração ao vil metal nem o desprezo pelos pobres. Era justamente em meio a essa situação que o casal, com suas cinco filhas, gastava boa parte de seu tempo e do seu dinheiro para ajudar aqueles que se encontravam nos limites da existência.

Uma das filhas, Celina, assim testemunhou a respeito dos pais:

Se em casa reinava a economia, havia prodigalidade quando se tratava de socorrer os pobres. Íamos juntos procurá-los e obrigávamos a entrar em nossa casa, onde eram saciados, abastecidos, vestidos, exortados a fazer o bem. Vejo ainda a minha mãe apressada junto dum idoso pobre. Tinha então sete anos. Mas lembro-me como se fosse ontem. Andávamos de passeio pelo campo quando, no caminho, encontramos um idoso que parecia infeliz. A minha mãe enviou Teresa a dar-lhe esmola. Ele ficou tão agradecido que ela entrou em conversa com ele. Então a minha mãe disse-lhe para nos seguir e reentramos em casa. Preparou-lhe um bom jantar, ele morria de fome, e deu-lhe roupas e um par de sapatos. E o convidou a voltar a nossa casa quando tivesse necessidade de alguma coisa.

E a propósito de seu pai, ela acrescenta: "O meu pai ocupava-se a encontrar-lhes um emprego conforme a sua condição, levava-os ao hospital quando era preciso, ou procurava-lhes uma situação honrosa. Foi assim que ajudou uma família da nobreza em aflição (...) Em Lisieux, todas as segundas-feiras, pela manhã, os pobres vinham pedir esmolas. Dava-lhes sempre víveres ou dinheiro; e, muitas vezes, era a Teresinha que levava as esmolas. Certo dia, o meu pai tinha encontrado na igreja um idoso que tinha aspecto de muito pobre. Levou-o para casa. Deu-lhe de comer e tudo o que ele tinha necessidade. No momento em que ele partia, o meu pai pediu-lhe para nos abençoar, a Teresa e a mim. Nós já éramos crescidas e ajoelhamo-nos diante dele, e ele nos abençoou".

Dificilmente deixaríamos de lembrar um texto bíblico belíssimo como Jó 29,13: "A benção do miserável descia sobre mim e eu alegrava o coração da viúva".

O serviço ao próximo se apresentava como alegria e a solidariedade no sofrimento como um ideal evangélico.

Em todas as ações de Luís e Zélia havia um ensinamento muito claro no processo de catequese de suas filhas, ou seja, a dignidade da pessoa não depende das circunstâncias em que se encontra.

Oração

"Ensina-nos, querido Deus, a vivermos em família
de maneira justa, amando,
respeitando e agindo solidariamente
com aqueles que vivem vulneravelmente."

23º dia
INSPIRAÇÃO

∽૦∾

"A pior das tragédias é ser menos quando se poderia ser mais. É amar menos quando se poderia amar mais. É crer de menos quando se poderia acreditar mais. É ficar parado, esperando o sol brilhar, quando poderíamos adentrar a noite escura de nossas almas carregando uma tocha de fogo."

Mensagem

A proteção daqueles que amamos é indispensável para criarmos filhos e filhas sadios. Certa vez, num diálogo de Zélia com sua pequena Teresa, que nessa época estava com apenas três anos, ela compreendeu que nada de mal poderia acontecer a alguém que estivesse no colo de sua mãe. O diálogo aconteceu desta maneira:

– Mamãe, será que eu vou para o céu?
– Irá se for boa.
– Então se for má irei para o inferno? Mas nesse caso bem sei o que fazer: de voo ia ter contigo no céu, me jogava nos seus braços e como é que Deus faria para me tirar de lá? Se preciso, a senhora me segura bem forte?

O diálogo proposto por Teresinha revela a maneira pela qual as filhas se viam como frutos da vocação de seus pais. Elas se viam como extensão do amor de seus pais. Nelas havia um forte sentido de que a vida somente existia em decorrência de um profundo amor entre seus queridos e amados pais. Neles, elas encontravam abrigo seguro e os viam como se fossem um castelo forte a dar proteção em dias maus.

Filhos não são obras do acaso e não devem ser pensados como acidentes de percurso; são, cada um deles, a manifestação do amor de Deus através do amor do casal. Zélia por diversas vezes confirmaria tão bela experiência, ao dizer:

> Amo loucamente as crianças;
> Nasci para tê-las;
> Quanto a mim, estava radiante, e dizia a mim mesma: são minhas;
> Nós vivíamos apenas para elas.

Oração

"Bondoso Deus, lembro-me de minha querida mãe
e peço suas copiosas bênçãos sobre ela.
Que a força do Senhor a renove
e que a cada dia ela sinta a sua presença."

24º dia
INSPIRAÇÃO

"O medo ia embora à medida que me preenchia de Deus."

Mensagem

Desde quando suas filhas eram pequeninas, Zélia ensinava cada uma delas a amar Maria. No mês dedicado a Maria, as filhas eram incentivadas a fazer um pequeno altar em seus quartos para Nossa Senhora. E não poderiam ser feitos de qualquer maneira, precisavam ser lindos, com flores, para que pudessem passar pelo crivo da mãe e receber uma boa nota.

Havia uma espiritualidade mariana no lar de Luís e de Zélia. Por isso, ao ensinar as meninas a olhar para Maria, estavam também indicando com segurança onde buscar refúgio.

Maria era para eles um castelo forte e fonte de consolo e abrigo; um exemplo daquilo que é finito mergulhando no infinito. Maria, em Deus, torna-se também infinita, a fim de proteger a todos os que nela buscam refúgio.

Na catequese, que acontecia diariamente no interior da casa de Luís e de Zélia, mostrava-se e se via que Maria é o castelo forte para onde podemos correr em meio às situações conflitivas. Caminhar em direção a Maria tornava-se praticamente sinônimo de buscar a companhia materna daquela que caminha ao nosso lado, de mãos dadas com cada um de nós.

No entanto, e isso precisamos aprender com o nosso santo casal, somente estaremos protegidos dentro do castelo. E, nesse caso, precisamos fazer a experiência de uma espiritualidade mariana, ou seja, assim como ela mergulhou em Deus, o finito no infinito, precisamos também mergulhar em Maria. Assim, Maria não se apresentava como uma figura importante e presa ao passado, mas era atualizada a cada dia na vida da família. Maria estava mais viva do que nunca, por isso, todos os filhos traziam na composição de seus nomes MARIA, a fim de que todos se lembrassem da presença constante da Boa Mãe entre eles.

Na espiritualidade mariana, que nasce no interior da casa de Luís e de Zélia, aprendemos que aqueles que carregam qualquer tipo de insegurança no coração deveriam caminhar em direção daquela que é a mais segura das mulheres. Afastar-se dela resgata o medo, e nos coloca diante dos pavores que procurávamos evitar.

Muitos são aqueles que preferem viver inseguros, mesmo que ao lado deles exista um castelo; outros tantos são aqueles que preferem viver desabrigados e sozinhos, enquanto a mãe estende sua preciosa mão para trazê-los para bem perto de si. Mas é preciso aprender com Luís e Zélia a fazer a melhor opção, ou seja, nada é mais inteligente do que, em meio à insegurança do cotidiano, buscar refúgio no coração de nossa Mãe.

Oração

"Boa Mãe, venha ao encontro da minha família.
Assim como a Sagrada Família esteve sob seus cuidados, estenda seu manto sagrado sobre nós e nos proteja."

25º dia
INSPIRAÇÃO

"Certa vez vi Deus e me esqueci de sua face. Somente fui recuperá-la quando andei entre os pobres."

Mensagem

São Luís e Santa Zélia podem ser considerados a mais bela e real interpretação de um documento do Concílio Vaticano II, denominado Constituição Dogmática *Lumen Gentium*, de 1964, que apresenta o matrimônio como uma das vias de santificação, haja vista que todos os fiéis, seja qual for a sua condição ou estado, são chamados pelo Senhor à perfeição do Pai, cada um por seu próprio caminho.

Na *Lumen Gentium* podemos ler e, em cada palavra, reviver as experiências de Luís e Zélia no interior de seu lar:

> Todos os fiéis se santificarão cada dia mais nas condições, tarefas e circunstâncias da própria vida e através de todas elas, se receberem tudo com fé da mão do Pai Celeste e cooperarem com a divina vontade, manifestando a todos, na própria atividade temporal, a caridade com que Deus amou o mundo. Finalmente, os cônjuges cristãos, em virtude do sacramento do matrimônio, com que significam e participam o mistério da unidade do amor fecundo entre Cristo e a Igreja, auxiliam-se mutuamente para a santidade, pela vida conjugal e pela procriação e educação dos filhos, e têm, assim, no seu estado de vida e na sua ordem, um dom próprio no Povo de Deus. Na família, como numa Igreja doméstica, devem

os pais, pela palavra e pelo exemplo, ser para os filhos os primeiros arautos da fé e favorecer a vocação própria de cada um, especialmente a vocação sagrada. Os esposos e pais cristãos devem, seguindo o seu caminho peculiar, amparar-se mutuamente na graça, com amor fiel, durante a vida inteira, e imbuir com a doutrina cristã e as virtudes evangélicas a prole que amorosamente receberam de Deus.

Matrimônio como caminho de santificação é uma das mais belas expressões de espiritualidade que poderíamos abrigar em nossos corações. Trata-se, antes de mais nada, de um caminho comunitário que se percorre de mãos dadas e onde um apoia o outro. Caminho comunitário é uma expressão que indica a necessidade de se fazer o caminho sempre em companhia da pessoa amada. É mais do que necessário que os casais pensem sempre unidos, como se formassem uma equipe. Jamais um passo poderia ser dado sozinho, mas, sempre, um passo acompanhado pelo passo da pessoa amada. Passos dados juntos sinalizam que ambos caminham com determinação para o mesmo objetivo.

Uma santificação que busca o complemento no outro; uma santificação que diz: "Somente me santifico a partir de sua santificação"; um caminho de santificação que se abre somente para caminhar a dois em profundo amor e dedicação um ao outro.

Oração

"Transforma minha família, Senhor Jesus,
em testemunho vivo e eficaz de tua graça no mundo."

26º dia
INSPIRAÇÃO

~~~~

"Apenas duas palavras e a prática delas seriam necessárias para a mais bela e esperada revolução de todos os tempos: compaixão e ternura."

Mensagem

Um dos mais belos exemplos de São Luís e de Santa Zélia é que eles nos ensinam a redirecionar nossos olhares. Ensinam-nos que o extraordinário deve ser encontrado, justamente, nas coisas ordinárias. É no comum da vida, isto é, no cotidiano que vivemos as mais graciosas experiências com Deus.

Zélia dizia com grande precisão e delicadeza: "A coisa mais sábia e mais simples em tudo isto é abandonar-se à vontade de Deus e preparar-se de antemão para levar a própria cruz o mais corajosamente possível (...) tendo disposição de aceitar generosamente a vontade de Deus, qualquer que seja ela, pois sempre será aquilo que é melhor para nós".

O que de fato há de diferente na vida de Luís e de Zélia é que eles resolveram engravidar o cotidiano com o extraordinário, ou seja, disseram um grande "sim" cheio de fé a Deus e viveram intensamente as consequências de serem divinamente chamados. Nada, realmente, pode se iniciar antes do "sim". Por isso, quando olhamos para São Luís e Santa Zélia, não encontramos necessariamente dons especiais ou experiências místicas. Todavia, a vida deles estava inundada por um grande "sim" que continua a ressoar até hoje.

Há pessoas que se aborrecem com o cotidiano e veem a vida sob o estigma do enfadonho. Vivem dia após dia reclamando: "*ó vida, ó céus, ó azar... isso não vai dar certo*", palavras que acabam se tornando um mantra que impede de ver a vida com os olhos de Deus, de modo que se vive imobilizado e petrificado, porque a vida se tornou um fardo difícil de se carregar. Muitos são os que negativizam a própria vida e, por conta disso, não conseguem enxergar qualquer sinal de esperança em um futuro próximo. Reclamam da vida e fazem da reclamação o alimento diário. Condenam-se, antes mesmo de enfrentar os possíveis problemas. Mais do que isso, veem-se sempre como se fossem derrotados. Ao viver reclamando, inviabilizam a vida e não encontram em si mesmos a energia necessária para reagir. Ao se dar por vencidos, abaixam as cabeças, e se esquecem de olhar para si mesmos e para o alto!

Para todos esses, provavelmente Luís e Zélia recomendariam ler Mateus 11,28-30: "Vinde a mim, todos os que estais cansados e oprimidos, e eu vos aliviarei. (...) Aprendei de mim, que sou manso e humilde de coração; e achareis descanso para as vossas almas. Porque o meu jugo é suave, e o meu fardo é leve".

Oração

"Meu Deus e meu tudo, ajuda-nos a caminhar
em tua direção. Às vezes o caminho não é fácil.
Mesmo assim, desejamos dar passos,
nem que seja um de cada vez,
em direção à tua maravilhosa presença."

27º dia
INSPIRAÇÃO

"Somos formados de pedaços de Deus: amor, paz, perdão, graça, fraternidade, solidariedade, justiça, caridade, ternura, compaixão... Fragmentariamente, em cada gesto realizado, vai uma parte de Deus."

Mensagem

A vida no lar exige certos cuidados. O primeiro e o mais essencial deles é o cuidado com a língua, isto é, cuidado com o que falamos e com o que deixamos de falar. A carta de Tiago 3,2-10 já nos orientava a esse respeito:

> (...) aquele que não comete falta no falar é homem perfeito, capaz de pôr freios ao corpo todo. Quando colocamos freio na boca dos cavalos para que nos obedeçam, nós dirigimos todo o corpo deles. Vejam também os navios: são tão grandes e empurrados por fortes ventos. Entretanto, por um pequenino leme são conduzidos por onde o piloto quer levá-los. A mesma coisa acontece com a língua: é um pequeno membro e, no entanto, se gaba de grandes coisas. Observem uma fagulha como acaba incendiando uma floresta imensa! A língua é um fogo, o mundo da maldade. A língua, colocada entre nossos membros, contamina o corpo inteiro, incendeia o curso da vida, tirando sua chama da geena (...) Nenhum homem consegue dominar a língua. Ela não tem freio e está cheia de veneno mortal. Com ela bendizemos o Senhor e Pai, e com ela amaldiçoamos os homens feitos à semelhança de Deus. Da mesma boca saem benção e maldição!

Luís e Zélia viviam o matrimônio como vocação e, por causa disso, aprenderam a olhar o outro com o rosto do amor de Deus. Assim, a relação entre eles não era fundamentada no desejo de poder e de domínio de um sobre o outro. Não importava para eles qualquer jogo de quebra de braço a fim de indicar qual seria o mais poderoso e teria, portanto, a última palavra. A relação entre eles não se degenerava e se reduzia a projetos pessoais e egoístas. Tratava-se de um relacionamento temperado com estima, paciência, humildade, ternura, confiança e carinho.

Porém, não se esqueciam da importância de verbalizar os sentimentos. Sim, muitas vezes é preciso e inadiável dizer o que sentimos. Claro está que sempre teremos certeza de que nosso esposo (a) nos ama. Mas, ainda assim, é preciso dizer. Por quê? Simplesmente porque é gostoso escutar!

Nas cartas escritas por Zélia, é muito comum encontrarmos seu coração se abrindo para Luís:

– Não vejo o momento de estar perto de você, meu querido Luís;
– Amo você com todo o meu coração e sinto redobrar meu carinho;
– Seria impossível viver longe de você;
– Estou felicíssima com ele, torna-me a vida muito serena;
– Tua mulher que te ama mais do que a vida;
– Eu te abraço como eu te amo.

As últimas palavras que Zélia escreverá para Luís são marcadas pelo mesmo sentimento, serão: "TODA SUA".

Oração

"Muitas vezes, Senhor, utilizei minhas palavras para machucar. A partir de hoje, querido Deus, que minhas palavras sejam sempre para abençoar e edificar aqueles que amo."

28º dia
INSPIRAÇÃO

"Quando a noite escura da alma me amedrontava, causando pesadelos inimagináveis, refugiei-me em Deus, fonte de toda luz e, imediatamente, temores e pavores foram removidos."

Mensagem

O nascimento de um filho é a mais bela oportunidade de contemplar a manifestação do dom de Deus. O Salmo 127,3-4 nos ajuda a compreender o projeto de Deus: "A herança que Javé concede são os filhos, seu salário é o fruto do ventre: os filhos da juventude são flechas na mão de um guerreiro. Feliz o homem que enche sua aljava com eles: não será derrotado nas portas da cidade quando litigar com seus inimigos". Filhos (as) se apresentam como uma das mais belas expressões do amor de Deus se manifestando no amor entre os casais. Na beleza deles se revela a beleza de Deus e, no amor demonstrado a eles, Deus vai se traduzindo em gestos de gratuidade e de bondade infinitas.

Luís e Zélia tiveram nove filhos, e assim ela se referia a esse privilégio:

> Quando tivemos os nossos filhos, as nossas ideias mudaram um pouco: não vivíamos mais do que para eles, essa era a nossa felicidade e não a encontramos senão neles. Enfim, tudo nos resultava em grande felicidade, o mundo não nos pesava. Para mim era a grande retribuição, por isso desejei ter muitos, para criá-los para o céu. Entre eles, quatro estão já bem instalados. E os

outros também caminharão para aquele Reino celeste, cheios de méritos, pois terão combatido mais tempo.

Zélia tinha muito claro que os filhos não pertenciam a ela. Quando Teresa nasceu, ela orou como sempre fazia quando nascia um filho seu: "Senhor, concedei-me a graça de que ela vos seja consagrada e nada venha a manchar a pureza de sua alma. Se há de perder-se um dia, prefiro que a leveis imediatamente para o céu".

E, mesmo quando a morte se apresentava aterradoramente, e seus filhos eram chamados à presença de Deus, ela podia assim se expressar: "O bom Deus é o Mestre, de modo que não tinha de pedir-me permissão". A espiritualidade de Zélia trazia traços de maturidade emocional. A dor não conseguia fazer com que ela naufragasse nos mares revoltos da vida. Ela olhava para Deus não como se Ele fosse um carrasco, mas como Pai amoroso que cuida fielmente daqueles que ama.

Reconhecer a presença de Deus mesmo em meio à tribulação é uma das mais espetaculares características de uma pessoa emocionalmente madura e espiritual. Pois, afinal, ela está dizendo que mesmo se o barco, em meio à tempestade da vida, se move com força de um lado para outro e mesmo em alguns momentos pareça que vai virar, ela poderá dormir tranquila, pois é sabedora de que não dorme sozinha, pois Jesus ali se encontra ao lado dela.

Oração

"Pai, que meus filhos reflitam a sua glória;
que meus lábios se alegrem por saber
que eles andam em seus caminhos."

29º dia
INSPIRAÇÃO

"Se amássemos mais, não sobraria tempo nem espaço para armazenar ódio no coração."

Mensagem

Não existe sofrimento estranho. Tanto Luís quanto Zélia sofreram sobremaneira. Não é coisa fácil viver o sofrimento e, mesmo assim, permanecer fiel a Deus. Havia entre eles solidariedade em meio à dor. No entanto, é excessivamente forte a tentação de evitar o sofrimento. Soa como natural fechar os olhos ao deparar com outros que demonstram sofrimento. É, pois, dessa insensibilidade que morrem as pessoas e casais. Mas seria possível humanizar a dor? A resposta é sim: para entender a aflição dos outros, é necessário se colocar, uma vez na vida, mesmo que por curtíssimos minutos, no lugar de cada uma delas.

De fato, não existe sofrimento estranho. Onde não se pode fazer nada, compartilha-se o sofrimento. Assim, a solidariedade é abastecida pela fraternidade e por doses generosas de amor e de carinho. Onde quer que exista sofrimento, cada um de nós está relacionado com ele. Os que sofrem estão umbilicalmente ligados aos que não sofrem, sendo inseparáveis uns dos outros, pois a dor não escolhe entre um e outro.

Fazia já um longo tempo que Luís apresentava alguns sinais de uma doença que se tornaria implacável. Desde 1887 até a sua morte, ele alternou momentos repletos de dores com outros de lucidez. Houve até mesmo um momento muito delicado em 1888, em que ele teve um lapso de memória em decorrência da doença – uma arteriosclerose cerebral – e desapareceu sem avisar a ninguém. Somente quatro dias depois é que sua filha Celina foi encontrá-lo em Havre, num estado de grande confusão mental.

Infelizmente a doença evoluiu, mostrando-se devastadora. A perda das faculdades mentais levou seus familiares a interná-lo. Sobre esse período, Teresinha haveria de afirmar: "Ele bebeu a mais humilhante de todas as taças", referindo-se à inclemente doença de seu pai.

Mas nenhuma doença era capaz de segurá-lo completamente. Durante todo o tempo de permanência no hospital, quando apresentava períodos de melhora, tratava de cuidar e confortar outros doentes; frequentava a capela e recebia a Eucaristia todos os dias. Certa vez, ele confidenciou a um dos médicos que lhe prestava atendimento: "Eu estive sempre habituado a comandar, e aqui tenho que obedecer. É difícil. Mas eu sei por que Deus me enviou essa provação. Eu nunca tive uma humilhação em minha vida; precisava de uma".

Zélia e Luís formavam um casal que vivia o amor de Deus tanto na alegria quanto na tristeza. Paulo já nos ensinava o caminho: "Aprendi a viver na necessidade e aprendi a viver na abundância: estou acostumado a toda e qualquer situação: viver saciado e passar fome, ter abundância e passar necessidade. Tudo posso naquele que me fortalece" (Fl 4,12-13).

Teresinha, ao olhar e refletir a respeito das dores que seu pai valentemente suportava, testemunha: "Os três anos de martírio de papai me parecem os mais amáveis, os mais frutuosos de toda a nossa vida. Eu não os trocaria por nada, por nenhum êxtase ou revelação este tesouro que deve provocar uma santa inveja nos anjos da corte celeste".

Luís faleceu com 71 anos, em 29 de julho de 1894. Zélia, por sua vez, aos 45 anos, recebeu a terrível notícia de que tinha um tumor no seio. No entanto, viveu a doença com firme esperança cristã até a morte, ocorrida na noite de 27 para 28 de agosto de 1877.

Oração

"Para todos aqueles que sofrem, Senhor, ofereço minha solidariedade; que aqueles que sofrem possam encontrar refrigério em minha presença."

30º dia
INSPIRAÇÃO

"De joelhos se vai mais longe."

Mensagem

Luís e Zélia, um santo casal e um casal de santos, apresentam-se como modelos de dedicação, amor, cuidado e carinho entre esposos. Ensinam-nos a viver o amor como prática do cotidiano e, para além disso, mostram-nos que somos o que amamos.

"Somos o que amamos" traduz de maneira ímpar e cristalina o que é o amor. Por isso mesmo é uma expressão que altera o rumo da vida dos casais que a compreendem.

O amor se identifica com o cotidiano e se estende para toda a eternidade. Uma leveza infinita que habita em nossos corações. Uma alegria suave que atravessa o corpo. Por que não dizer que o amor é uma realidade maior que nos arranca de nós mesmos? E, com isso, fazemo-nos dom para aquele (a) que amamos.

Quando aprendemos que "somos o que amamos", descobrimos que, por tantos e quantos caminhos andarmos, estaremos sempre na companhia da pessoa amada. Nosso corpo se transforma no corpo dela; nossos sonhos passam a ser extensão dos sonhos dela; nossos desejos se confundem com os dela. Amar, enfim, é dizer à pessoa amada: tu não morrerás!

Quando descobrimos que "somos o que amamos", simultaneamente reconhecemos que somos servos do amor, que a força do amor reside no desejo de ajudar

no crescimento do outro, fazendo-o melhor e ajudando-
-o a superar seus limites. O amor não teme enfrentar o
lado obscuro do outro e não desanima. Ao contrário, fala
quando acredita na força de uma conversa brotada no
amor. O amor é capaz de gerar um clima de empatia no
qual os gestos e as palavras, nascidos do conhecimento
do outro, penetram suave como a chuva fina e leve.

Em nossas faces e em nossos olhares carregamos o
sinal da benevolência, da alegria e do brilho – sinais que
somente brotaram em nós porque anteriormente pertenciam à pessoa amada.

"Somos o que amamos" deveria ser a expressão
fundamental de todo casal, pois, afinal, ela significa: "SÓ
VOCÊ BASTA"!

Oração

"Abençoados Luís e Zélia Martin,
hoje nos voltamos a vós em oração. Ao cumprirdes os
deveres de vosso estado de vida e praticardes
as virtudes evangélicas como cônjuges e como pais,
vos tornastes para nós modelos de vida cristã exemplar.
Que o exemplo de vossa confiança inabalável em Deus
e vossa constante vontade de entregar a Ele todas as
alegrias, as provas, as tristezas e os sofrimentos que
encheram vossas vidas sejam para nós fonte
de coragem para perseverar em nossos desafios diários,
e para permanecer na alegria e na esperança cristã.
Amém."

SUMÁRIO

Apresentação	5
1º dia	7
2º dia	9
3º dia	11
4º dia	13
5º dia	15
6º dia	17
7º dia	19
8º dia	21
9º dia	23
10º dia	25
11º dia	27
12º dia	29
13º dia	31
14º dia	34
15º dia	36
16º dia	38
17º dia	40
18º dia	42
19º dia	45
20º dia	47
21º dia	49
22º dia	51
23º dia	54
24º dia	56

25º dia	58
26º dia	60
27º dia	62
28º dia	64
29º dia	66
30º dia	69